孟子年表

〔清〕魏源 撰

齊魯書社
·濟南·

圖書在版編目（CIP）數據

孟子年表 / (清) 魏源撰. -- 濟南 : 齊魯書社,
2024. 9. -- (《儒典》精粹). -- ISBN 978-7-5333
-4950-9

Ⅰ. B222.52

中國國家版本館CIP數據核字第20241CZ866號

責任編輯　張　超　劉　晨
裝幀設計　亓旭欣

孟子年表

MENGZI NIANBIAO

〔清〕魏源　撰

主管單位	山東出版傳媒股份有限公司
出版發行	齊魯書社
社　　址	濟南市市中區舜耕路517號
郵　　編	250003
網　　址	www.qlss.com.cn
電子郵箱	qilupress@126.com
營銷中心	（0531）82098521　82098519　82098517
印　　刷	山東臨沂新華印刷物流集團有限責任公司
開　　本	880mm × 1230mm　1/32
印　　張	3
插　　頁	2
版　　次	2024年9月第1版
印　　次	2024年9月第1次印刷
標準書號	ISBN 978-7-5333-4950-9
定　　價	28.00圓

《〈儒典〉精粹》出版説明

《儒典》是對儒家經典的一次精選和萃編，集合了儒學著作的優良版本，展示了儒學發展的歷史脉絡。其中，《義理典》《志傳典》共收録六十九種元典，由齊魯書社出版。鑒於《儒典》采用套書和綫裝的形式，部頭大，價格高，不便於購買和日常使用，我們决定以《〈儒典〉精粹》爲叢書名，推出系列精裝單行本。

叢書約請古典文獻學領域的專家學者精選書目，并爲每種書撰寫解題，介紹作者生平、内容、版本流傳等情况，文簡義豐。叢書共三十三種，主要包括儒學研究的代表性專著和儒學人物的師承傳記兩大類。版本珍稀，不乏宋元善本。對於版心偏大者，適度縮小。爲便於檢索，另編排目録。不足之處，敬請讀者朋友批評指正。

齊魯書社

二〇二四年六月

《〈儒典〉精粹》書目（三十三種三十四册）

孔氏家語　荀子集解　孔叢子
春秋繁露　春秋繁露義證　鹽鐵論
新序　揚子法言　白虎通德論
潛夫論　中説　太極圖説　通書
龜山先生語録　張子語録　傳習録
張子正蒙注　先聖大訓　近思録
四存編　孔氏家儀　帝範
帝學　温公家範　文公家禮
聖門禮樂誌　東家雜記　孔氏祖庭廣記
伊洛淵源録　伊洛淵源續録　國朝漢學師承記
國朝宋學淵源記　孔子編年　孟子年表

解題

孟子年表一卷，清魏源撰，清光緒四年淮南書局刻《古微堂外集》本

魏源字默深，湖南邵陽人。道光二十五年（一八四五）進士，官江蘇高郵州知州，咸豐六年（一八五六）卒，年六十三。源博通百氏，尤留心當世之務，著作之多，遍涉四部，晚清學人文質求至，殆鮮有出其右者。

此編乃其考證孟子生卒年月與事迹之作，與《孔子年表》俱收入其所著《古微堂外集》卷二。其篇目，首爲《孟子年表》，次爲《孟子年表攷》五篇，次爲《論語三畏三戒九思箴》及《曾子贊》《孔孟贊》《顔冉贊》《孟子補贊》《周程二子贊》《程朱二子贊》《朱子贊》《陸子贊》《朱陸異同贊》《楊子慈湖贊》《王文成公贊》《明儒高劉二子贊》。《年表》以《史記索隱》謂『孟子卒于周赧王二十六年壬申』，《闕里志》謂『壽九十有七歲』，逆推之，孟子之生在周安王十七年（前三八五）；與《三遷志》《孟子編年》諸書以家世相傳『年八十四』，推其生於周烈王四年（前三七二）己酉者不同。其《孟子年表攷》五篇，第一曰『適梁』，第二曰『適齊』，

第三曰『齊宋薛鄒滕魯』，第四曰『紀年孟子長麻』，第五曰『生卒著書』，率皆根據《孟子》本書、《竹書紀年》及諸經書所載，訂正《史記》之誤，并駁閻若璩《孟子生卒年月考》之說，考證精核，最爲杰構。

徐泳

目録

孟子年表

孟子年表

周安王十七年孟子生

史記索隱謂孟子卒于周赧王二十六年壬申與鄭康成謂孟子當赧王之際及七篇中蹟皆合闕里志從之而謂壽九十有七歲遊推之當生于安王十七年則至梁之年已六十六歲宜稱叟矣惟近日索隱本誤作生于周定王三十一年則定王崩後三十餘年孔子始生若以為貞定王則在位止二十一年且去孟子卒時亦百有四十歲皆必無之事其為安定字形近而訛無疑故以闕里志所據索隱原本校正

一歲

距孔子卒九十二年時子思年九十餘歲趙岐注言孟子魯孟孫氏後案孟孫氏自僖子病不能相禮使其子說與何忌學于孔子世能尊聞故孟子言孟獻子百乘之家友德不挾比于費惠公之事子思而七篇中無一言及于三桓皆其證也孟仲子孟季子則孟子兄弟之見于七篇者若父名激字公宜母仉氏妻田氏仲子名澤雜見他書姑存備攷

之如此其餘山堂肆攷等書所載年歲鑿空無稽不復及之

十八年

十九年

二十年

二十一年

二十二年

二十三年

二十四年

二十五年

二歲

三歲

列女傳三歲喪父則前喪者孟母所拊抱

四歲

五歲

六歲

七歲

八歲

九歲

十歲

二十六年王崩

周烈王元年

二年

三年

四年

五年

六年梁惠王罃元年

史記書子罃生于文侯二十五年必不可信已見後攷蓋惠王稱孟子爲叟其年必不長于孟子則其與

禮內則十年出就外傅則受業子思之門人當在此後

十一歲

十二歲

十三歲

十四歲

十五歲

十六歲

十七歲

十八歲

公子緩爭立時諒不過十餘歲然孟子此時正十六歲亦僅長于惠王一二歲耳

十九歲

七年　梁惠王二年　二十歲

周顯王元年　梁惠王三年　二十一歲

二年　梁惠王四年　二十二歲

三年　梁惠王五年　二十三歲

四年　梁惠王六年　二十四歲

五年　梁惠王七年

六年　梁惠王八年

七年　梁惠王九年四月甲寅魏徙都大梁

閻氏若璩謂史記惠王去安邑徙都大梁在三十一年秦虜公子卬時而紀年書惠成王九年徙都大梁彼時秦未偪公子未虜何遽徙都以避之源按史記魏世家惠王九年與秦戰少梁虜我將公孫痤之事而年表則又曰惠王九年與秦戰少梁虜我太子恭誤以是年虜公孫痤之事爲世家三十一年秦虜公子卬之事因又誤以是年徙都大梁之事移于三十一年攷史記惠王二十八年馬陵之役齊使田忌將而直走大梁龐涓聞之去韓而歸此非國都已在大梁之明證耶故知魏之徙都實在九年秦虜公孫

八年 梁惠王十年

痤之時與世家三十一年虜公子卬各為一事史記年表誤彼為此而世家又誤此為彼互相矛盾若謂此時未受秦逼則戰國秦及韓趙皆嘗遷都豈必有所偏乎且史記秦本紀六國表皆于秦孝公十年書衛鞅將兵圍魏安邑降之正當惠王十九年都安邑之時安邑既降則是國都破惠王虜矣何至惠王三十一年又書始去安邑耶紀年書九年徙都大梁于三十一年但書爲大溝于北郛以行圃田之水斯真魏史實錄歟

二十五歲

九年梁惠王十一年 二十六歲

十年梁惠王十二年 二十七歲

十一年梁惠王十三年 二十八歲

十二年梁惠王十四年齊田桓公十八年卒子威王嬰齊立○此據史記田敬仲世家魏世家索隱引紀年文史記作桓公六年卒誤以魏世家索隱作齊幽公即桓公別謚也 二十九歲

十三年梁惠王十五年○齊威王嬰齊元年○ 三十歲

十四年○梁惠王十六年齊威王二年 三十一歲

十五年秦敗魏師於元里取 三十二歲

少梁史記梁惠王十七年○齊威王三年

十六年齊敗魏師于桂陵史記梁惠王十八年邯鄲降齊齊敗我于桂陵紀年同○齊威王四年　三十三歲

十七年梁惠王十九年○齊威王五年　三十四歲

十八年梁惠王二十年○齊威王六年　三十五歲

十九年梁惠王二十一年○齊威王七年　三十六歲

二十年梁惠王二十二年○齊威王八年　三十有七歲

二十一年梁惠王二十三年○齊威王九年　三十有八歲

二十二年梁惠王二十四年○齊威王十年　三十有九歲

二十三年○梁惠王二十五年齊威王二十一年四十歲孟子曰我四十不動心

二十四年○梁惠王二十六年齊威王二十二年

二十五年○梁惠王二十七年齊威王二十三年四十有一歲

二十六年○梁惠王二十八年齊威王二十四年四十有二歲

孫臏田忌敗魏師于馬陵虜太子申殺龐涓東敗于齊長子死焉史記六國年表是年齊威王三十六年卒與紀年閩第不合辨見後攷四十有三歲

二十七年○梁惠王二十九年齊威王十五年四十有四歲

二十八年梁惠王三十年齊威王十六年○四十有五歲

二十九年○梁惠王三十一年齊威王十七年 四十有六歲

商鞅虜魏公子卬魏去安邑徙都大梁

史記商君傳謂惠王恐使使獻河西之地於秦王按世家年表皆不書是年獻河西葢但使使請獻之而後元六年始入其地也又謂是年始去安邑徙都大梁辨見惠王九年下

三十年梁惠王三十二年○齊威王十八年 四十有七歲

三十一年○梁惠王三十三年○齊威王十九年 四十有八歲

三十二年○梁惠王三十四年○齊威王二十年 四十有九歲

三十三年 梁惠王三十五年 齊威王二十一年 五十歲

案史記魏世家是年惠王卑禮厚幣以招賢者于是孟子至梁六國年表亦于是年書孟子來然即以史記論惠王是年既未稱王何孟子對詞無不曰王其不可信一也西喪地于秦七百里南辱于楚事皆在後其明年尚改元稱王烏遠有卑禮厚幣之事其不可信二也人疑祀年後元十五年者皆以孟子在梁之年過久不知正出誤信史記至梁之年過蚤使知孟子至梁必在稱王之後其稱叟必在六十之年則

豁然矣其不可信三也且是年爲齊威王二十一年而謂孟子先事齊宣後見梁惠其不可信四也

三十四年梁惠王三十六年五十有一歲

改元稱一年齊威王二十二年

案魏世家索隱引紀年云改稱一年者謂卽改本年爲一年與秦惠王以十四年爲元年同非若新君踰年改元也史記是年惠王卒而以後元十五年爲襄王之年大誤通鑑大事記及近日顧炎武江永等竝謂紀年以魏史紀魏事與孟子合其有惠王襄王而無史記之哀王又與世本合故以下竝從紀年

三十五年梁惠王後二年會諸侯於徐始稱王齊威王二十三年案史記作魏襄王元年與諸侯會于徐州以相王追尊其父爲惠王云云與孟子刺繆故魏世家年表兩述孟子對梁惠王語皆君不可言利改王爲君其日誣灼矣此從紀年

五十有二歲

三十六年梁惠王後三年齊威王二十四年

五十有三歲

三十七年梁惠王後四年齊威王二十五年

五十有四歲

三十八年梁惠王後五年齊威王二十六年

五十有五歲

三十九年梁惠王後六年齊威王二十七年

五十有六歲

秦圍魏焦曲沃魏入河西少梁地于秦通鑑胡三省注云顯王二十九年已使使獻河西于秦以和今乃入其地史記正義云自華州北至同州故魏河北之地盡入秦也源案史記顯王十五年秦敗魏師于元里取少梁此方云入少梁地者或中間曾復歸魏或此時方盡入之與

四十年梁惠王後七年齊威王二十八年

秦伐魏渡河取汾陰皮氏史記紀年皆有此事

五十有七歲

四十一年 梁惠王後八年 齊威王二十九年

秦取魏蒲陽復以與魏魏盡入上郡十五縣于秦以謝西喪地于秦七百里

至此方足七百里之數集注所謂後又數獻地于秦者也如使惠王三十一年即已喪地七百里則後此河西少梁之入上郡十五縣之入又倍于前魏其尚能以國乎且魏安得有兩河西也

魏五十有八歲

四十二年 梁惠王後九年 齊威王三十年

五十有九歲

四十三年 梁惠王後十年 齊威王三十一年

○六十歲

四十四年梁惠王後十一年○齊威王三十二年六十有一歲

史記六國年表是年齊宣王十九年卒子湣王立大誤辨見後攷

四十五年梁惠王後十二年○齊威王三十三年六十有二歲

楚將昭陽破魏于襄陵得七邑南辱于楚

楚世家索隱云古本作七邑今亦作八城集注盖用古本惠王叙南辱于楚在喪地于秦之後即此無疑

若三十五年以前方無喪地之數安有辱楚之事

四十六年○梁惠王後十三年齊威王三十四年

六十有三歲

四十七年○梁惠王後十四年齊威王三十五年

六十有四歲

四十八年王崩燕易王薨子噲立齊威王三十六年薨子辟彊立梁惠王後十五年孟子至梁

案史記以是年爲齊湣王四年因與孟子舛戾通鑑

六十有五歲孟子見梁惠王王曰叟不遠千里而來

案史記謂孟子以惠王三十五年至梁知其不然者以不應在稱王喪地辱楚之先也且踰年

增威損湣而以此爲宣王
十三年以求合孟子亦出
叱度益由不見孟嘗君傳
索隱引紀年此條故也至
近日洪氏輯紀年本既據
索隱補惠成王後十三年
會齊威王于甄十五年齊
威王薨兩條矣而乃先于
十一年書會齊宣王于平
阿反謂後此兩威皆當作
宣無論其叱改無稽且與
紀年終今王二十年宣王
尚未卒故但稱齊王者續
相刺謬眞買櫝還珠已

而惠王即薨故一切不
合今以後十五年至梁
亦踰年而惠王即薨則
稱王稱叟與齊秦諸敗
無往不合矣

言

周愼靚王元年梁惠王卒惠六十六歲
王在位五十有一年壽六
十餘歲子嗣立是爲襄王
孟子在梁值惠王之喪

家紀年此後皆作今王終于二十年蓋襄王尚未論竹書未出襄王冢中所傳作魏安釐王者誤考世本安釐王乃昭王子襄王孫也史記以是年襄王卒子哀王立蓋既誤以惠王後十六年爲襄王事而襄哀形近遂復增一哀王與世本之有惠襄無哀者已大相刺謬無論孟子矣

是時齊宣王元年燕王噲二年宋君偃十一年稱王

二年梁襄王元年齊宣王二年孟子去梁之齊

六十有七歲孟子見梁襄王出語人曰望之不似

或謂惠王去年卒安知孟子不以去年去梁案戰國策惠王薨天大雨雪至于牛目且為棧道而葬羣臣多諫太子云云則惠王甯卒于冬而孟子見梁襄王章又明為踰年即位始見新君之時知孟子斷以是年去梁

人君就之而不見所畏焉孟子自范之齊處於平陸儲子為相以幣交既而由平陸之齊于崇見宣王退而有去志

案范今曹州范縣趙注謂齊王庶子所封食邑也距臨淄七百餘里平陸今汶上縣距臨淄五百餘里而孟子謂儲子得之平陸者史記秦相穰侯東行縣邑至湖關湖今閿鄉縣去咸陽亦幾六百里是當日國相得周行其境內也孟子

三年 齊宣王三年。燕王噲四年

終守不見之義前章陳代並疑之故二章皆答以景公事以仕齊故也既而由平陸之齊此必王求見甚誠而卒不往見儲子恥結其從爲先容也荀子云孟子見齊王而不言事門人疑之孟子曰我先攻其邪心此亦初見齊宣王事

六十有八歲孟子爲卿于齊仕而不受祿奉母就養于齊（見列女傳）與王驩出弔于滕滕世子始聞其賢

四年 齊宣王四年。燕王噲五年

五年 齊宣王五年。燕王噲六年

六年王崩 齊宣王六年燕王噲七年 燕王噲讓國于其相子之 史記在王噲六年此從紀年

周赧王元年 紀年作隱王是年齊宣王七年 魯平公旅元年 燕子之專國二年國內大亂齊宣使章子將五都之兵伐燕殺王噲醢子之

六十有九歲孟母卒歸葬于魯

七十歲孟子在魯居喪

七十有一歲孟子喪畢反齊止于嬴荅充虞之問

沈同問伐燕

七十有二歲齊人伐燕勝之孟子勸齊王勿取燕

齊人伐燕取之

案孟子言繼而有師命不可以請益承喪畢初

此國策文也紀年是年其子之殺公子平不克齊師殺子之醢其身與國策合史記是年作湣王十年然年表及齊世家又無一字書湣王伐燕則亦自知其舛矣

至齊而言

二年 齊宣王八年 齊平公二年 **燕人立太子平是爲昭王**

據史記及紀年是年上距武王伐紂之歲辛卯凡七百三十有九年故鄭康成謂孟子當據王之際與去齊之語正合閻氏乃據劉歆三統厤增衍之年數謂孟子此時已卒何其謬與辨詳後攷

七十有三歲 燕人畔王曰吾甚慚於孟子 孟子致爲臣而歸王就見孟子曰前日願見而不可得得侍同朝甚喜今又棄寡人而歸 荅公孫

丑曰由周而來七百有餘歲矣

案孟子初見齊王而有去志及母喪歸魯喪畢反齊郎欲致仕値有師命不可以請及燕畔王慚之後君臣隙敵陳賈王驩居中離間故有王如改之之言前日指在魯居喪言若闕氏以前日指孟子在梁時以得侍指初至齊時則孟子居喪究在何時且于致仕之後而向追原未識面之始詞既不切且甫言得侍郎言棄歸與七載聚處之情事尤爲不爲七篇中紀齊事者四十

三年齊宣王九年魯平公二年宋王偃十八年宋牼將之楚孟子遇于石邱曰吾聞秦楚搆兵案是年爲秦惠王十三年楚懷王十七年所謂搆兵者即韓世家正義引紀年楚景翠圍雍氏秦助韓敗楚將屈匄又楚世家及秦本紀云秦以商於詐楚楚戰攻之事也故知孟子以是年遇宋牼

萬章曰宋小國也今將行王政齊楚惡而伐之

六章稱宣王者十四章可見居齊之久

七十有四歲孟子在宋有荐宋牼萬章戴不勝戴盈之諸問　於宋餽七十鎰而受于薛餽五十鎰而受陳臻問曰前日于齊王餽兼金一百而不受何也孟子曰當在宋也予將有遠行當在薛也予有戒心

案是年齊楚伐宋事無聞或有是謀而不果也至王偃四十七年爲齊湣王所滅則孟子不及見或據國策齊攻宋宋使臧子索救於荆荆王許救而卒不至齊因拔宋五城則在剔成之世鮑彪注謂孟子所稱皆剔成吳師道已譏其傳會矣

四年　齊宣王十年魯平公四年宋王偃十九年

滕文公爲世子將之楚過宋而見孟子自楚反復見孟子

案以前日於齊證之知在去齊之後也將有遠行葢自宋將歸鄒之事有戒心者風俗通所謂絕糧于鄒薛之間困殆甚葢歸鄒過薛之事國策魯仲連云齊湣王將之薛假途于鄒知薛地近鄒魯也時薛爲孟嘗君田文好客故有聞戒餽兵之事

七十有五歲孟子自宋反

鄒與魯鬨

案此事不見史傳以在孟子自宋反鄒之年故繫諸此

滕定公薨子文公立行三年之喪五月居廬使然友再之鄒問孟子

案滕無世家年不可攷以滕世子過宋見孟子推之共遭喪當在其後以然友之鄒推之當在孟子去宋反鄒之時

鄒有荅鄒穆公之問曹交曰交得見于鄒君可以假館願留而受業于門滕定公薨世子使然友之鄒問孟子孟子之滕館于上宮滕文公問爲國

公羊傳君存稱世子既葬稱子踰年稱公孟子書曰至于子之身而反之又荅爲國曰子力行之是君薨稱子之證也至踰年改元而後稱之

五年 齊宣王十一年魯平公五年宋王偃二十年

滕文公元年齊人將築薛 案孟嘗君列傳索隱引紀年云梁惠王後元十三年齊威王封田嬰于薛十月齊城薛十四年薛子嬰來朝十五年齊威王薨此國策所謂靖郭君將城薛客爲君曰君如彼何哉曰君請擇于斯二者是也故知孟子至滕在文公未卽位之前蓋文公既葬父卽禮聘孟子而問國事故此數章皆不列于梁惠王篇以彼所列皆對君之詞此篇所列則皆爲世子及未卽位時事也

[illegible]十有六歲孟子在滕答滕文公問築薛問事齊 案以孟子答此兩問皆稱之爲君知爲踰年卽位之後故此二章獨列于梁惠王下篇與對梁齊

以海大魚諫者也及宣王立靖郭君辭而之薛文有受薛于先王之詩是宣王時亦屬閔王嬰其重欲築之則必係孟嘗君立先王宗廟于薛而增城之也以孟子荐滕文公問稱之爲君知在踰年即位之後故係諸此

六年 齊宣王十二年魯平公六年宋王偃二十一年

魯使樂正子爲政魯平公將見孟子不果 魯欲使慎子爲將軍孟子曰一戰

鄒諸君之詞並列而不與滕文公篇對世子對畢戰對未即位稱子諸章並列也

答陳相並耕之問 許行自楚之滕曰聞君行仁政願受一廛云云知爲元年行井地以後事

滕更受業于門

七十有七歲孟子自滕反

魯魯平公將見臧倉沮之 此爲梁惠王篇之末章列于鄒滕諸章之後是最晚年事蓋至是而知道決不行遂以終

勝齊遂有南陽然且不可

此事不見史傳以在孟子反魯之年姑采于此

七年

以後諸國事皆不見于七篇不復紀之

八年

九年

十年

十一年

十二年

蕭有克告于君君爲來見之言知是魯使樂正子爲政時事劉節廣文選謂魯平公與齊宣王會于鳧繹山下樂正子備道孟子于平公曰君何不見乎

七十有八歲

七十有九歲

八十歲

八十有一歲

八十有二歲

八十有三歲

十三年

十四年

十五年

十六年梁襄王二十年卒

紀年終于今王二十年今王即襄王也時尚未諡故史臣止稱今王

齊宣王不知何年卒

紀年于是年尚稱齊王則宣尚未卒也以後卒于何年則竹書已終史記不可據而孟子稱宣諡則湣王已嗣立總卒此數年間矣蓋史記既上移威宣之年

八十有四歲

八十有五歲

八十有六歲

八十有七歲

于是以宣王在位年數併歸湣王遂使暴君享國四十年之久豈知是年宣尙未卒則湣之在位僅十餘年而滅亡耳

十七年

十八年

十九年

二十年魯平公二十年卒

史記六國年表魯平公立于周赧王元年卒于赧王十九年魯世家則云平公四年秦惠王卒二十年平公卒較年表多一年故索隱引皇甫謐云魯平公元

八十有八歲

八十有九歲

九十歲

九十有一歲道不行退而與萬章之徒敘詩書述仲尼之意作孟子七篇

案赧王十六年齊宣王尙存赧王二十年魯平

已已終甲子是二十年也今本世家四年誤作十年又云三十二年平公卒與皇甫謐及索隱所見本不合其誤無疑

滕文公不知何年卒

史記年表序云滕薛鄒小不足齒列弗論故其年無攷杜氏釋例謂齊滅滕春秋正義楚滅滕至索隱及路史引紀年越滅滕句二年滅滕今本紀年王朱句三十五年於越滅滕此年晉烈公十斋後之滕也文公有指黃亡國之君推地皆諡非公邸故滕國里志沛邵叔繡所封三周懿王子錯所滅王應麟三十一世爲齊通鑑荅問謂齊

公始卒而孟子著書並稱其諡則必皆在其卒後故知索隱謂孟子卒于周赧王二十六年王申必非無本以是後諸君之年不復可紀故以著書繫諸見年之下

滕以赧王二十九年爲宋滅，燕近之。趙注引世本滕有考公麋、値定公、世元公、宏値文公，世而謚不合，姑闕疑焉。

二十一年　九十有二歲

二十二年　九十有三歲

二十三年　九十有四歲

二十四年　九十有五歲

二十五年　九十有六歲

周赧王二十六年壬申　孟子九十有七歲卒于鄒本索隱及

卒

闕里志

孟子年表攷第一 適梁

孟子有言誦其詩讀其書不知其人可乎是以論其世也而尙論孟子之世則莫舛於史記所紀齊梁之年莫明于梁惠王上下篇歷見諸侯之次第失得之莫辨取舍之莫信宜乎積積襴襴千載莫是正也史記所述齊梁戰伐次第類本國策若無可疑乃其所載年號世系則不盡廢之即經不明廢之將何徵曰在梁也七篇以爲主而紀年同世本同在齊也亦七篇以爲主而紀年同國策同史記則無一不繆其述梁事之繆三史記列傳曰游事齊宣王宣王不能用適梁顯共本書公相僨

背而趙岐注及應劭風俗通皆承其誤蘇轍古史又文以先游齊次至梁終復至齊之說但求合史不惜誣經果爾史記年表世家何但于梁惠之年書孟子來而于齊宣之年則不措一詞乎史記列傳述騶衍游說諸國亦自齊而適梁及魏齊二世家則又謂衍至齊在至梁之後亦何說解之乎金履祥四書考異引列女傳母儀篇曰孟子道旣通值梁招賢乃至梁旣而去梁適齊齊王以爲上卿此非劉向據孟子外書所述先梁後齊之證而今本無之乎是以竹書紀年惠王三十五年爲齊威王之二十六年又十五年惠王卒襄王立始爲齊宣

王元年無由先見齊宣也惟梁襄嗣位之後値齊宣新
政之初孟子聞其足用爲善故自范之齊又云由平陸
之齊范今曹州范縣平陸今汶上縣皆自梁至齊要道
由大梁至臨淄千有餘里故孟子曰千里而見王若由
鄒至齊僅數百里耳七篇中更無自齊適梁之蹟繆一
也史記魏世家惠王三十五年孟子至梁三十六年卒
子襄王嗣元年與諸侯會于徐州相王也追尊其父爲
梁惠王而紀年則謂魏惠成王三十六年改元稱一年
至後十六年而薨相戾若此以國策證之蘇子說齊閔
王曰昔者魏王擁土千里帶甲三十六萬恃其強拔邯

鄲西圍定陽又從十二諸侯朝天子以西謀秦衛鞅爲秦說魏使先行王服以圖齊楚魏王說其言廣公宮置丹衣柱建九游之旗于是齊楚怒伐魏殺其太子覆其十萬之師當是時秦王垂拱而得西河之外此惠王僭號于秦孝公時之證故孟子對梁惠無不稱王其非死後追王明甚且孟子始見即稱王則其至于稱王以後而非至于三十五年爲侯之時亦明甚史記旣以梁惠爲卒于三十六年不得不以孟子爲至于三十五年旣以孟子至梁時未稱王不得不改孟子對詞曰君不可言利然王可改爲君而喪地七百里之在後此五年七

年南辱于楚之在後此十年者遂皆成襄王之事不能改屬惠王故但云太子虜上將死國以空虛繆二也史記惠王三十六年卒子襄王立襄王十六年卒子哀王立哀王二十三年卒子昭王立按孟子止及襄王而紀年終于今王二十年即襄王未謚也世本惟有惠王襄王昭王而並無哀王高誘注淮南亦云昭王襄王之子則知史記分惠王後元之十六年以爲襄王即分襄王之二十年增哀王襄哀形近而亂正猶十二諸侯表以秦哀公陳哀公爲襄襄者同一舛誤是以史記魏諸君名皆可攷哀王名獨無聞其年歲既乖於孟子紀年國策其

世次又乖于世本三占從二將何從焉繆三也徐君有壬曰紀年後元十三年齊封田嬰于薛十五年齊威王薨可證史記湣王封田嬰之非國策威王薨宣王立靖郭君曰受薛于先王雖惡于後王吾其謂先王何齊宣王曰寡人不佞不敢以先王之臣爲臣孟嘗君就國于薛焉遂往見梁惠王云云此皆宣王初年梁惠王尚在之證然人之執史紀以疑紀年者則亦有三有謂依紀年後元十六年則孟子在梁不應若是之久者是不察孟子至梁既在惠王卒之前一歲則不當爲三十五年而當在後十五年是在梁亦止一年耳有謂秦漢前未必有改元之事者不知春秋改元者三鄭厲公衛獻公衛出公也戰國改元者二其一卽梁惠王其一則秦惠文君改十四年爲元年稱王與梁惠王同時同

事也又有謂喪地于秦七百里卽商鞅傳謂惠王三十一年秦虜公子卬使使獻河西之地以和者不知魏獻河西之事魏世家惠王時不書而于襄王五年書予秦河西之地秦本紀孝公時不書而于秦惠王八年書魏納河西地六國年表于周顯王二十九年不書而于三十九年書魏入少梁河西地於秦是皆史記書在魏惠王秦孝公商鞅三八死後之明文烏得謂三十一年遂喪河西乎故胡三省謂顯王二十九年已使使獻河西于秦以和今乃入其地然則商鞅傳特自後追叙其功而魏世家所書襄王十六年之事則皆惠王事明矣至若南

辱于楚惠王三十五年以前更無可附會故趙注孫疏閻氏釋地竝不能指實而或據戰國策魏圍邯鄲楚使景舍救趙取睢濊之間與齊敗馬陵同時爲南辱于楚之證者無論楚趙魏諸世家年表皆無其事是必徵之徵者何足竝齊秦二敗且旣與馬陵之敗同時何反敘諸喪地于秦之後其爲後元十二年楚將昭陽破魏七邑事無疑然則敗齊辱楚喪秦之事莫備于國策蘇子說齊閔王之言而後人强以惠王後元十餘年事屬之襄王者雖雕龍之辨不能申也而閻氏若璩孟子生卒攷欲操集註之戈而惡紀年之害已則曲排之曰六國表

魏世家並云子罃生于文侯二十五年辛巳惠王立時已三十歲矣若如紀年文侯五十年卒武侯二十六年卒則惠王元年已五十三並三十六年又加以後元十六年卒不百有四歲乎紀年之不可信如此夫書子罃之生者史記而以之推紀年之年是甲代乙受責也且年歲不符正可證史記生年之謬而反據以詰紀年是以不狂爲狂也惠王稱孟子以叟必不年長于孟子以索隱孟子卒于赧王壬申推之則惠王立時孟子甫十餘歲惠王與孟子年數相當其稱叟者不過長於惠王一二歲也烏有惠王已三十五十之理乎且史記苟

可信則凡其所述孟子事一則曰由齊適梁二則曰梁惠王謀欲攻趙孟軻稱太王居邠三則曰燕亂孟軻謂齊王云今伐燕此文武之時不可失也（燕世家）皆將舍孟子書而信之乎棄經徇傳削趾適屨違同軌之衢而入必窮之轍可謂智乎杜預和嶠已謂史記誤分惠王之世爲二王之年是西晉已有定論（惟杜預謂紀年今王爲哀王亦傳刻之譌）司馬温公亦謂魏史所書必得其實敢引之以斷孟子游梁之年

孟子年表攷第二（適齊）

孟子在齊之年莫詳於孟子之自述一則曰宣王問取

燕再則曰宣王問諸侯多謀救燕三則曰燕人叛王甚慙于孟子又莫明於索隱所引紀年之文其于周愼靚王元年書齊威王薨子宣王立其明年魏惠成王薨其明年爲今王元年又二年而燕噲讓國于其相子之又二年爲赧王元年齊師殺子之醢其身且莫確鑿於戰國策之所載曰儲子謂齊宣王因而仆之破燕必矣又曰孟軻謂齊宣王伐燕王因令章子將五都之兵以伐之皆與孟子若合符節是則史記湣王伐燕之繆尙何待辨而至今聚訟者約有三家一則知所信而未盡善如司馬氏通鑑呂氏大事記是也亦知紀年之惠王後

元年與孟子合亦知國策之伐燕爲宣王與孟子合而疑史記宣湣時代之繆于是上增威之十年下減湣之十年爲宣王年數以合于孟子既與國策威王三十六年之語不合且宣王伐燕而遂卒亦與後二年燕人畔王甚慚于孟子之文不合葢惟不知索隱引記年齊威王薨在梁惠王後十五年書齊伐燕正在宣王之七年可正史記威宣卽位移前二紀之誤而顧承譌襲舊以意增除無徵不信故曰是而未盡也二則舍經而信史如鮑彪國策注蘇氏古史是也以孟子先游齊所見者宣王去之梁乃再至齊則所見者湣王于是黃氏日鈔

謂兩次伐燕以梁惠王篇宣王問伐燕者爲燕易王初立齊取其十城之事公孫丑篇稱宣王所載沈同問伐燕但稱王者爲湣王伐燕噲子之之事然宣王伐燕明言伐萬乘之國五旬而舉之孟子又勸其謀于燕衆置君而後去之豈取十城之事耶齊人伐燕取之毁其宗廟遷其重器故樂毅述燕報齊之役云故鼎反乎歷室齊器設于靈臺正與孟子所言相應孰謂非滅燕之事耶王氏懋竑（白田雜著）則直以梁惠王篇之宣王皆後人諱孟子事湣王者所追改惟公孫丑篇但稱齊王者爲原本而國策又因孟子而改是姑無論其信史疑經且史

記既以湣王分宣王之年而以伐燕屬之矣而齊世家湣王四十餘年中有一字及伐燕者乎卽六國年表湣十年正値伐燕之年亦曾有一字乎甚至燕世家全錄國策其所云燕噲立蘇秦死齊宣王復用蘇代者亦仍其舊旣與年表蘇秦列傳顯相牴牾而下文又竄入諸將謂齊湣王伐燕云云一篇之中忽宣忽湣或仍或改竟不知燕噲果値何王之世而諸家尙欲執之以改孟子吾不知其先何以通史記也推其所由蓋紀年載齊田成子襄子莊子悼子太公和侯剡桓公威王宣王合之湣王襄王王建凡十二代與莊子胠篋篇稱田恒弑

其君十二世而有齊國之說正合史記失載悼子侯剡二代是以威宣之立皆移前二十二年而湣王增至四十年遂使燕齊之事盭不可理正與滅梁惠增襄哀同一舛誤後人不知是正反改孟子以就之故曰合經徇史也若夫一誤再誤不可窮詰則閻氏孟子生卒攷是也其言曰通鑑移伐燕事于宣王十九年值赧王元年此時孟子去齊已久安見其取之復畔且上增下減遷湊無稽與其屈齊之年數以從燕曷若屈燕之年數以從齊六國表燕王噲五年讓國子之七年噲及子之死後二年燕立太子平爲昭王當湣王八年至十二年若

移此五年之事置于宣王八年則種種皆合閻氏之說如此夫通鑑移宣王之十年誠未盡善然向與孟子紀年國策大致不牾今欲勝之則言必有稽絶無遷湊而役可乃自湣王十二年上至宣王八年凡二十四年視通鑑之僅十年者孰遷湊孰無稽且通鑑所移者不過湣宣年數閻氏則既屈其年并盡移其事不但世家本紀簡帙任肊傎亂而且史記國策紀年何不謀同誤若是且齊之年世不可屈而燕獨可屈鶴短鳧長妄分厚薄又何理也謂伐燕之在赧王元年爲通鑑所繫則史記竹書何獨不繫之赧王元年耶赧王元年齊滅燕又

二年而燕叛既叛而孟子去故鄭康成謂孟子當赧王之際（禮記疏王制引）閻氏獨謂赧王元年孟子去齊已久甚謂孟子已辛可謂果于憑几者耶或曰孟子去齊時謂由周而來七百有餘歲而漢書律歷志謂魯隱公元年上距伐紂歲在己卯凡四百歲則至赧王元年已八百有九歲故閻氏謂孟子去齊當在顯王未滿八百歲以前其移伐燕之事蓋是之由曰是尤誤之誤者且經史之疑案長歷之歲差不可不正太史公作十二諸侯年表起自共和而共和以前無聞惟魯世家自考公以下有其年考公四年煬公六年幽公十四年魏公十五年（世本）

及律歷志作微公厲公三十七年獻公三十二年愼公三十年愼公之十四年已未厲王奔彘其明年爲共和元年庚申自考公至愼公十四年凡百五十七年考公伯禽之子也漢書律歷志謂成王元年爲命魯公之歲魯公四十六年至康王六年而薨然則成王元年至共和庚申二百單四年耳周本紀集解引紀年云武王滅殷至幽王凡二百五十七年新唐書厤志引紀年云武王十一年庚寅周始伐商然則成王至共和亦止二百四年正據魯世家之文合計武王辛卯至赧王元年己酉共七百三十九年與孟子七百有餘歲合惟班固據劉歆三

統歷而作律歷志誤數魯煬公在位六年爲六十年獻
公在位三十二年爲五十年較魯世家兩公共衍七十
二年故以武王伐紂爲己卯而至共和庚申已二百八
十二年與世家紀年俱不合又百二十年而爲魯隱元
年入春秋又二百四十二年而春秋終又百六十七年
而爲赧王元年己酉則八百十有一年而與孟子不合
矣試除其所衍魯世家之七十二年則實得七百三十
九年即與紀年世家孟子如一故三統增年後漢尚書
令忠早議之趙岐亦知厤志有誤衍之年而減之太過
故謂七百餘歲當溯之太王始興王迹乃有其數是亦

不據厤志也閻氏反盡改孟子事寔以就厤志謂孟子致仕去齊不獨不在赧王時并不在慎靚王時當在顯王未滿八百歲以前遂并紀年國策史紀所載燕齊交兵噲死昭立凡在赧王初年者一切奪几移而上之首尾橫決幾無完簡孔子順之語公孫龍曰說將從其甚易而實是者乎將從其甚難而實非者乎今世家世本紀年國策孟子之無往不合如此閻氏所說之無往不外如彼稽古求是之君子將何適從焉

孟子年表攷第三　齊宋薛鄒滕魯

孔子出處有春秋三傳及論語之明文史遷根柢以作

世家故大端不甚紕謬孟子出處則戰國短長既不如
春秋經傳之詳信故自史記以來迄無定論然齊梁大
事與史傳表裏惟別史傳之得失而事自明去齊以後
與史無關惟據七篇之文爭相射覆無證之案人得一
喙故不難于辨衆說之非而難于求本書之是一是明
而羣疑息矣蓋嘗憤悱三復以經求經而豁然于梁惠
王上下篇之條理此二篇皆廷說諸侯之詞故以目全
書而其先對梁惠王三章梁襄一章次齊宣十一章次
鄒穆一章次滕文一章次魯平一章如其一生見諸侯
之始終次第也宋薛僅游歷其國而未見其君故不見

于篇魯君將見故附載篇末蓋歸老于魯自是無諸侯之事矣至公孫丑上下篇則補記在齊事皆與及門諸臣私議無與宣王言者惟致仕就見數語雖述王言乃因時子陳子之問而連及者滕文公上下篇則補記在滕及梁宋事亦大畧與諸臣及門問答暨滕世子居喪未成為君之時故止稱之為子非若梁惠王篇與滕文公言之兩稱為君也詳上文及年表蓋孟子首游于梁而齊則孟子所臣者滕則所欲有為者故三篇分紀之而魯宋薛附見焉至以後四篇則雜叙平生議論非復以時事次第矣惟與宣王論舊君見離婁篇與宣王論卿見萬章篇此則廷對之詞偶爾散見者本是以推則知孟子蓋以齊宣王

二年爲卿于齊明年迎母就養又明年孟子喪母葬于魯明年在鄒居母喪又明年喪畢反齊又明年即赧王元年伐燕之歲以上與孟氏譜三遷志并同知孟譜確有所本又明年燕畔後孟子致仕在齊宣王八年由是至宋過薛歸鄒而復自鄒之滕卒反乎魯也何以明之列女傳孟子處齊有憂色擁楹而歎孟母見而問之此奉母就養之證而其自述曰于崇吾得見王退而有去志不欲變故不受也繼而有師命不可以請考孟子于齊自始見至伐燕閱歲以五宣王二年至七年若非中有居喪反葬之三年則遷延卿位不爲不久與退即有去志之本心何其不符所云不欲變不

可以請者固如是乎故曰孟子爲卿不久即喪母歸葬于魯也繼此反于齊止于嬴而充虞有問此三年喪畢反齊之事時爲宣王七年正值伐燕故有繼而有師命之語孟子致爲臣而歸而有王如改之之言此必燕畔王慚之後君臣疏離之事王就見孟子曰前日願見而不可得得侍同朝甚喜今又棄寡人而歸所云前日正與充虞所問之前日皆指在魯居喪時言也得侍同朝甚喜指喪畢至齊言今又棄寡人而歸承前日因喪去齊今又致仕言也以上皆梁惠王篇次以齊宣王事之證其明年齊宣王九年當宋王偃十八年楚懷王與秦戰敗亡其將屈匄

正秦楚構兵之事孟子過宋舉必在是時故并疏以石邱爲宋地萬章問宋行王政亦在是時而陳臻于孟子受宋薛之餽以前日于齊王餽兼金百鎰而不受爲問其爲去齊之後明矣故曰自齊反魯而遂之宋也宋未見其君故不列于梁惠王篇孟子在宋滕世子將之楚過宋而見孟子及滕定公薨而世子使然友之鄒問孟子有荅鄒穆公問與魯鬨之事則時已不在宋矣荅陳臻言在宋將有遠行者盎自宋將歸鄒之事言在薛有戒心者即風俗通所謂絕糧鄒薛之間困殆甚盎歸鄒過薛之事國策言齊湣王將之薛假塗于鄒則知歸鄒亦必由薛故曰自

宋過薛而歸鄒也此梁惠王下篇載鄒穆事于第三之證嗣是孟子至滕館于上宮滕文公問爲國則知文公葬父畢即禮聘孟子至國故孟子初稱之爲世子繼稱之爲子至踰年改元而始稱之爲君詳見年表正與公羊傳君存稱世子君薨既葬稱子踰年稱公之義合啟曰復以滕文公初年自鄒之滕也此梁惠下篇載滕文公事于第四之證劉節廣文選謂魯平公與齊宣會于梟繹山下樂正子備道孟子于平公曰君何不見乎云云此不知其所本或出孟子外篇至或據後喪踰前喪之言謂魯平將見即在孟子居喪在魯之時者則無論孟子居喪在伐燕之前三年魯平公尚未立魯平公立

于赧王元年今魯世家本誤與六國年表及索隱皇甫謐所見本皆不合辨見後而且臣有大
喪君三年不呼其門豈有與諸侯相見之禮樂正子從
孟子在齊豈有此時魯卽使爲政且孟子居憂聞之喜
而不寐之理惠王二篇述孟子廷說諸國先梁次鄒次
滕先後井然則知魯君將見一事敘于篇末者其必在歷
說諸國之後明矣故曰自滕歸老于魯也此梁惠王下篇載魯平事于末之證七篇之書孟子口授先後位置夫豈漫然惟知梁
惠王篇之統紀全書則易簡而天下之理得凡元人程
復心之孟子年表明李本之孔孟事蹟圖譜以及衛氏
嵩謂孟子自宋歸鄒由鄒之任之薛之滕而後之梁之

齊見日知錄閻氏謂孟子去齊歸鄒又如宋如魯終之滕皆鄉壁虛造無煩迎反矣又甚者毛奇齡氏至謂孟子葬魯即反齊爲卿未嘗終喪閻氏又篤信馬端臨說謂滕文公未嘗行三年喪但守五月居廬之禮誣古害教迷岐益遠不經孰甚焉至齊梁之年顧氏炎武頗得其實但不知據索隱引紀年齊威王薨在惠成後元十五年故難之者以紀年但著魏惠襄之年而不著齊宣湣之年正與通鑑同失且以葬魯爲改葬尤與敦匠事嚴不敢請及棺槨衣衾之云云不合而去齊以後之年又無聞皆由不悟首二篇之條理也立乎今日以攷往昔其得

要不得要蓋難易有如斯者

孟子年表攷第四紀年孟子長麻

或曰孟子齊梁時事盡合史記從紀年爲其魏史且與孟子合也外此尚有可徵者乎若史記與漢書律麻志孰優劣乎曰奚但齊梁事而已凡孟子書所述古八年歲以史記漢志核之不合者以紀年核之無不合蓋史記惟十二諸侯年表有春秋經傳爲之經緯至共和已前之年已無依據僅作世表而已而六國年表則惟周王之年本于古麻周譜其餘悉取諸世本國策而二書已糅亂于暴秦之餘見劉向戰國策叙又尚書正義顏氏家訓是以僨倒失

次矛盾互出故譙周作古史攷二十五篇以糾之司馬彪又據紀年之文條古史攷中百二十事爲未當則紀年之勝史記明矣至若劉歆厤譜增減歲年詿誤後世爲厤學之罪人而紀年則初出汲冢時束晳卽謂其與春秋相應杜預謂其與長厤皆合而且以建寅爲歲首符左氏晉用夏正之遺文東遷後特紀晉事起殤叔至晉滅獨紀魏事至今王得國史編年之正體是以荀勗杜預之博通古厤皆遵信推闡無有異議其高出劉歆之厤志又明矣請徵孟子紀年之合兼以長歷疏通而證明之孟子曰舜相堯二十有八載堯崩三年之喪畢

舜避堯之子于南河之南朝覲訟獄者不之堯之子而之舜謳歌者不謳歌堯之子而謳歌舜然後之中國踐天子之位焉舜薦禹于天十有七年舜崩三年之喪畢禹避舜之子于陽城由堯舜至于湯五百有餘歲考紀年夏以前惟隋律歷志路史引帝堯元年丙子一條餘皆明人僞撰不足徵信而自夏以後之年則夏本紀集解引紀年云自禹至桀十七世有王與無王用歲四百七十二年上距堯禪位舜受終之歲凡五百二十有二年故孟子曰由堯舜至於湯五百有餘歲也若依律厤志夏后氏十七王四百三十二歲則舜至湯元年僅四

百八十有二載而與孟子不合矣殷本紀集解引紀年云湯滅夏以至于受二十九王用歲四百九十七年蓋自成湯十八年即位數至帝辛四十一年文王薨其年如此其明年爲武王元年紂尚未亡再十一年伐紂共五百有八年殷亡今自成湯元年數之則共五百十有四年而文王興故孟子曰由湯至于文王五百有餘歲也依漢志謂湯伐桀至紂六百二十有九歲文王卒于伐紂之前二年而與孟子及尚書無逸無逸自殷三宗外嗣後之王或十年或七八年或五六年或四三年如漢志則必皆曆長其年數書序書大誓序惟十有一年武王伐殷史記并文王受命七年數之十一年劉歆改爲文王受命之十三年僞古文泰誓襲之皆不足信皆不合矣周本紀集解引紀年云武王

滅殷至幽王凡二百五十七年新唐書歷志引紀年云武王十一年庚寅周始伐商以此計之則至幽王十一年辛未滅于犬戎共二百八十一年疑裴所引年數字有譌誤明年爲平王元年以後與史記皆同至公穀傳魯襄二十一年孔子生當周靈王之二十年上距商紂四十一年文王薨共五百一十年故孟子曰由文王至于孔子五百有餘歲也孔子卒于敬王四十一年下至赧王元二年孟子去齊共百六十有八年故孟子曰由孔子而來至于今百有餘歲又曰由周而來七百有餘歲若依漢志則伐殷至赧王元年已八百一十六年何

止七百皆不合矣詳前篇攷又左傳成王定鼎于郟鄏卜年七百攷自定鼎至鼎亡於泗水之年史記封禪書曰宋太丘社亡而鼎沒于泗水彭城下其後百一十五年而秦并天下依紀年則七百餘年與所卜合依漢志則八百餘年又不合矣觀劉歆及僞孔傳之無往不舛則紀年之無往不合者其爲魏史遺厤夫何疑

孟子年表攷第五生卒著書

已定出處之梗概請更決疑義之數端一則史記列傳言孟子鄒人而索隱謂鄒魯地名本邾人徙鄒元程復心據之遂謂孟子之鄒即孔子陬邑故自齊葬魯其稱孟子鄒人者猶稱子路卞人也二則史記言受業子思

之門人而列女傳孟母篇則云孟子懼旦夕勤學師事子思遂成天下之名儒漢書藝文志孟軻子思弟子應劭風俗通亦謂受業子思於是王劭據之而以史記人字爲衍也三則史謂退而與萬章之徒叙詩書述仲尼之意作孟子七篇趙岐謂退而論集所與高弟子難疑答問又自撰其法度之言著書七篇而唐林愼思續孟子則謂七篇非孟子所自著乃其弟子萬章公孫丑所述也四則孟子宋時始立學宮而趙岐叙則謂孝文皇帝時論語孝經孟子爾雅皆置博士其後罷傳記博士獨立五經云云其說不見于漢書也五則孟子有外書

四篇而趙岐刪之也小岐不杜大道易戫更鉤鈲而攘剔之曹交欲受業孟子而云交得見于鄒君可以假館則非魯陬邑明矣閻氏辨程復心說雖是但止據孟子言吾不遇魯侯及近聖人之居二語以爲非本國臣民之詞則穆穆魯侯亦出魯頌而史記正義言大子生陬長徙曲阜則郎使孟子陬人亦何害爲近聖人之居至引太公五世反葬于周以證反葬于魯尤爲不倫烏足以折程氏蓋鄒雖子國而附庸于魯本在邦域之中而陬邑則又魯與鄒接壤之地故史記之陬左傳作郰而春秋之邾公羊亦作邾鄹鄒陬郰鄹地近音轉其後國邑遂同爲鄒故今孟母墓在鄒縣北二十五里距昌平防封僅三十餘里而正義言今尼邱山在兖州鄒城是孟子所謂葬魯與史記

所謂昌平鄉者本接壤相鄰故陸璣毛詩疏云李克授
魯人孟仲子韓詩外傳載湻于髡曰夫子苟賢居魯而
魯削此仍以魯爲父母之邦謂孟子七篇無一言譏三
桓又屢引季孫費惠公孟獻子之言然則趙岐謂孟子
本魯公族孟孫之後分適他國者實未遠離疆域之外
矣何必以鄒爲陬邑而後爲近聖人之居乎此其可知
者一至孟子之不能親受業子思則攷年而得之索隱
謂孟子卒于周赧王二十六年壬申考紀年終于赧王
十六年齊宣王尚未卒而孟子書稱宣王之謚則知又
在其後孟子以梁惠王後元十五年至梁時惠王已立

五十年而稱孟子爲叟其年必在六十以外然則闕里志據索隱赧王壬申之說謂九十有七者殆爲可信以九十有七逆推之當生于周安王十七年今索隱本安王誤作定王此據闕里志所見索隱本辨詳年表則至梁在惠王後元十五年已六十有五歲其稱叟宜矣安王十七年距孔子卒九十有二年左傳正義引家語孔子年十九娶于宋幵官氏一歲而生伯魚史記世家謂伯魚年五十顏淵之喪夫子曰鯉也死有棺而無椁則尚在顏子之前然則伯魚卒時夫子七十在哀公十二年逾四年而夫子卒即使中年得子此時亦應二十餘歲以子思之高明親承祖訓何

以孔子之喪皆門人所治子貢築場門人哭別不及子
思一字則是伯魚得子甚晚或四十方生子如商瞿之
類亦人事之常若子没時子思年十餘歲耳由穆公元
年逆數至魯平公元年又閱九十載然則史記謂受業
子思之門人良非無本豈必親承辟咡方爲美譚此其
可知者二至七篇中無述孟子容貌言動與論語爲弟
子記其師者不類當爲手著無疑又公都子屋廬子樂
正子徐子皆不書名而萬章公孫丑獨名史記謂退而
與萬章之徒作七篇者其爲二人親承口授而筆之書
甚明咸邱蒙浩生不害陳臻等偶見或亦得預記述之列與論語成子有子曾子

門人故獨稱子者殆同一間此其可知者三至趙岐述文帝立孝經論語孟子爾雅博士後罷傳記獨立五經之說則劉歆讓太常博士書謂孝文皇帝之世尚書初出屋壁詩始萌芽天下衆書往往頗出皆諸子傳說猶廣立學官爲置博士又王制孝文令博士諸生作多采孟子之文此漢初孟子爾雅曾置博士之證其後罷廢則由武帝以仲舒對策凡不在六藝之科孔子之術者皆絕其道勿使並進故止立五經博士并論語孝經等皆不在六藝之列罷之然兩漢論語雖不立學官蕭望之張禹包咸等猶以授皇太子博士弟子亦以射策和帝

末徐防始奏論語勿以射策試令學者專經云云而孟子亦得引以明事謂之博文趙岐序此其可知者四趙岐稱孟子又有外書四篇一性善二辨文三說孝經四爲政其文不能宏深似依託非本真故刪而不錄攻荀子稱孟子三見齊王而不言事門人疑之孟子曰我先攻其邪心法言述孟子曰夫有意而不至者矣未有無意而至者也荀揚知道而近古故較意於所引爲與要其與韓詩外傳列女傳所述孟母三遷之訓在齊倚楹之歎皆出孟子外書無疑豈非七篇孟子所口授而外書四篇則弟子自述見聞故應劭風俗通謂孟子退與弟子作書中外十一篇與藝文志正合洙

泗微言多出論語之外外篇苟在何至生卒如夢緜出處如聚訟與故曰與其過廢毋甯過存此又不可不知者五篇（近日藝海珠塵中刻有孟子外書四劉貢父注乃明人姚士粦等所託）若夫尙論而心々知其意由博而反求諸約則以俟深造自得君子焉

論語三畏三戒九思箴

無三畏則無忌憚之心無三戒則無羞惡之心無九思之思聰思明思問則無是非之心無九思之思溫思恭思忠思敬則無戒懼之心無九思之思義思難則無惻隱之心此君子之所自治而小人之所大戒而小懲惟平日冰淵之永惕庶得免乎臨時之戰兢墨卿司訓戒

爾生靈

曾子贊

詩思無邪禮毋不敬典謨言欽者七夫子益之以七戰戰二勿勿三憚憚與堯舜之兢兢業業而相繼宜乎曳履而歌商頌若出金石聲滿天地始知沂水春風之樂尤在嚴視指於爾室以言大節則託孤寄命而有餘以言大道則任重道遠而可必惟手足之啓予皆畢生冰淵之永惕少誦十篇老而流涕欲全歸受而無從欲追悔而無繇徒存章句虛文何益

孔孟贊

孟子四十不動心已臻孔子之三十而立雖未及孔子之七十不踰矩與六十耳順而晚年亦已不惑知天命至於知言養氣勿助忘即大學之格致誠正始知聖賢之學一貫同揆如月落千潭而一印

顏冉贊

匹禹稷者顏子匹仲尼者子弓一則嚴視聽言動於四勿一則出門使民如賓祭之敬綦宜乎可爲邦可南面而用行憂世之利同至於若無若虛不施不伐則又得之竭才卓立尤瞠乎其莫從讀安溪喟然章贊洵百世而感通

孟子補贊

夫子存養在牛山以下數章夫子擴充在熊魚取舍一章惟本心之不失斯放心之可收宜乎泰山巖巖之象江漢浩浩之流配神禹稱曾鄒而百世無休

周程二子贊

人生而靜以上不容說纔說性時便已非性善固性也惡固不可不謂性此天台圓教徹底之言而明道初年泛濫佛老時所兼印宜乎動而無動靜而無靜上同於孔子之毋意必固我下同於孔子之無欲而靜要之惟顏子能盡發聖人之蘊惟明道能盡得周子之蘊至於

周子之太極圖乃朱陸意見各殊而未知孰爲定論

程朱二子贊

世稱程朱伊川考亭而非謂明道先生雖均未光風霽月而均守規矩準繩程子功在易傳朱子功在儀禮經傳與集註或問至於詩書二傳與大學孝經兩改本均未敢謂美善之盡至蘇子奏疏疾伊川爲奸而欲打破一敬程子始終置之不問如何復學錢詹事尙傎其議論惟朱子陰符參同楚詞韓文皆中年所遊藝而無與於性命宜乎爲吳草廬王文成所同諍

朱子贊

泰山喬嶽之重孔融李膺之氣損百世起九原之思傾長河赴東海之淚此多同時異公者之言而没世服公者如此其至宜求其德威之所以然始知公之見尊信于世者不盡在乎著述

陸子贊

先生所學在與姪濬及趙然道二書所經世者在輪對五劄與鴻範皇極所得力在先立其大而不廢改過自新格致讀書之細宜乎教人能使旦異而晡不同與程朱文成竝立此皆百世之師如伊尹惠夷顏孟之不妨小異

朱陸異同贊

靑田無陸子靜建安無朱元晦南渡以來足踏實地惟二公皆嚴闢乎義利宜其興起百世頑廉懦立至於陸子祭伯恭之文悔鵞湖之偶有妄發徒參辰而未能酬則更嘗多而觀省細尤晚歲所造幾至從容中道之地此朱陸二子之始小異終大同誰言蕭寺哭奠爲告子而流涕知兩家門人記錄各有是非虛實

楊子慈湖贊

慈湖宗無意大學宗誠意以無意爲先天之學誠意爲後天之學此陸王兩弟子所同而龍谿持守不如敬仲

眞希元悟修皆非敬仲之匹郎上蔡横浦於浮圖皆涉藩而未入室淸明在躬志氣如神與陸子之齋戒如對上帝皆洗心之藏密與周程之主靜主敬是一是二惟心之精神謂聖出僞孔叢子如何可契無思無爲之易宜乎爲知人之所議至於以大學繫辭多非夫子之言此則公自成家非後學所敢輕議要之陸子之學至先生寂然樓記而盡發其微較傅子淵之淵大黃文範之細密皆無傳於後者其成就有偏全虛實

王文成公贊

道學傳孟陸之統事功如伊尹之任與程朱皆百世之

師如鄒惠各得其所近之性惟吉水羅文恭涵養未發能得其傳何能豁四無漫傳天泉道證宜乎大學格物專正念頭爲湛甘泉所評朱子格物何曾教人格竹此亦語錄之一病總之紫陽陽明二子均有晚年定論

明儒高劉二子贊

高子以未發之中爲聖門見性之秘與劉子之愼獨有獨體皆同於孔子不踰矩與楊慈湖之無意皆能先立其大乃本然之良知不待於致其於修道有順有逆逆者中人所難順者聖人所易宜乎臨大節時一則心如止水一則心火不熾觀其考終時一易一難皆可知乎

日學養之順逆古人念念在定臨終安得亂今人念念在亂臨終安得定此乃死生大事爲存養之證

古微堂外集卷二終